Le petit passeur

Une histoire écrite par Anne Powell
illustrée par Matthieu Blanchin

J'AIME LIRE
BAYARD POCHE

1
Des bruits dans la nuit

Je m'appelle Robert. Je suis vieux, maintenant. Je veux vous raconter une histoire de mon enfance. En 1943, pendant la guerre, j'avais dix ans. J'habitais en France, tout près de la frontière suisse.

Une nuit, j'ai entendu des bruits dans la cour. Je me suis levé d'un bond. Et si c'étaient des voleurs ? Je me suis glissé jusqu'à la fenêtre et, dans le noir, j'ai aperçu Papa.

Derrière lui, il y avait cinq ou six personnes avec de gros sacs. Ils ont ouvert le portillon de la cour. Ils sont partis sur le chemin qui montait vers la frontière suisse. Je me suis dit : « Papa est un contrebandier*. »

Et c'est arrivé une deuxième fois. Mais, cette fois, mon père n'avait que des enfants avec lui. Bizarre ! Pourquoi les enfants étaient-ils seuls ? Où étaient leurs parents ?

Je me suis mis à observer ces va-et-vient pendant la nuit. Parfois, des gens arrivaient. Ils chuchotaient. Ils faisaient taire les enfants.

* C'est quelqu'un qui passe en cachette des marchandises d'un pays à l'autre.

Puis ma grand-mère les faisait descendre à la cave. Quelques heures plus tard, ils repartaient à la queue leu leu, avec Papa.

Je n'osais pas interroger mes parents. Mais, quand ils parlaient entre eux, j'ouvrais bien mes oreilles ! Et, peu à peu, j'ai compris ce qui se passait. C'était la guerre, mon pays était occupé par les Allemands nazis. Et les nazis poursuivaient des gens, surtout les juifs. Ces gens, Maman les appelait les « réfugiés ». Ils avaient peur, ils essayaient de quitter la France.

Mais des patrouilles de soldats gardaient les frontières pour les empêcher de passer. Alors, les réfugiés venaient voir mon père parce qu'il était passeur.

Passeur ! C'était un mot plein de frayeur et de danger. Papa devait être courageux, pour aider les réfugiés. Il les amenait par des chemins secrets jusqu'à la frontière, dans les montagnes. Et là-haut, d'un seul pas, les réfugiés passaient de la France occupée à la Suisse, du danger à la liberté.

Ensuite, Papa redescendait, comme un renard solitaire, flairant l'air, tous ses sens en alerte. S'il se faisait prendre par les nazis, il était mort !

2
Papa n'est pas rentré

Mais voilà qu'une nuit Papa est parti, et le lendemain matin, à huit heures, il n'était toujours pas revenu. Je ne savais pas où poser mon derrière, je m'inquiétais tellement !

Maman et Grand-Mère s'inquiétaient, elles aussi... Mais elles ne disaient rien, elles me prenaient pour un gamin, alors que j'avais tout compris. Tout !

À neuf heures, nous n'avions pas encore pris le petit déjeuner. Grand-Mère insistait pour que je mange, mais ça ne passait pas. Il y avait trop de silence.

Tout à coup, il y a eu des bruits dans le chemin. Nous nous sommes précipités à la fenêtre, puis à la porte, où nous avons regardé le portillon basculer lentement. Joseph est apparu dans la cour. Joseph était un copain de Papa. Il essayait de faire entrer son mulet et

son traîneau à bois dans la cour. Maman lui a dit, tout étonnée :

– Mais qu'est-ce que tu fais, Joseph ?

– Ben quoi ! Je t'apporte ton bois, pardi ! s'est exclamé Joseph en tirant très fort sur la corde du mulet.

Il m'a dit :

– Viens donc m'aider, Robert ! Il n'est pas commode, votre portillon.

À mon avis, c'était surtout le mulet qui n'était pas commode. Je ne comprenais pas pourquoi Joseph tenait à le faire entrer dans la cour. Soudain, j'ai vu un bras blanc. Il dépassait de la bâche qui recouvrait le traîneau. Nous l'avons tous vu. Sans un mot, Maman a refermé le portillon, et nous avons soulevé la bâche. Mon père était là, sur le traîneau, blessé, haletant* de douleur, haletant de vie !

* Respirant vite et difficilement.

3
Surpris par les soldats

Nous avons vite fermé les portes et les fenêtres. Puis nous avons installé mon père dans son lit. Joseph nous a expliqué :

– Je montais tranquillement pour aller couper mon bois. Quand je suis arrivé près de la grange, j'ai vu Henri. Il était plié en deux, il s'accrochait à un poteau de la clôture. Je lui ai dit, en riant : « Alors, Henri, tu as peur qu'il se sauve, ce poteau ? » Mais vous pensez bien qu'il n'était pas d'humeur à rire, lui !

J'observais Papa. Il était blême de douleur. Maman avait placé des polochons derrière son dos, mais il gémissait quand même au moindre mouvement. Il a dit d'une voix chevrotante :

– Les soldats m'ont surpris dans la descente. Ils m'ont tiré dessus. Ah, les vaches !

Papa respirait par saccades :

– Ils ne m'ont pas eu. J'ai couru, mais j'ai glissé dans la boue et, clac ! je me suis bousillé

le dos. Impossible de me redresser. Et pour marcher, quel calvaire* ! Il le fallait bien pourtant : si les soldats m'avaient attrapé, j'étais cuit. Ils savent bien qu'on n'est pas là-haut, en pleine nuit, pour cueillir des fleurs !

Il y a eu un silence. Un à un, tous les regards se sont posés sur moi. Je me demandais bien quand ils allaient se rendre compte de ma présence.

* Quelle souffrance !

Papa était gêné ; il m'a dit :

– Eh bien, Robert, qu'est-ce que tu fais là ? Tu n'as pas des devoirs à faire ? Grand-Mère ne t'a pas demandé de couper du bois ?

Je les regardais tous. Ce qu'ils m'énervaient avec leurs cachotteries ! J'ai répondu :

– Si !

Et j'ai quitté la chambre en leur criant :

– Ça fait longtemps que je sais que Papa est passeur !

Et je me suis sauvé.

4
Quel gâchis !

C'est Maman qui est venue me trouver. J'étais au bûcher*, en train de fendre du bois. À chaque coup de hache, je disais :

– Et clac ! Un soldat de moins !

Maman s'est approchée de moi. Elle m'a dit doucement :

– Robert, viens à la cuisine, on va discuter.

* L'endroit où est stocké le bois.

Nous nous sommes assis devant nos bols de café froid. Grand-Mère faisait beaucoup de bruit avec ses casseroles. Maman m'a demandé :

– Tu n'as parlé à personne de ce que tu sais ?

– À personne.

– Tu as compris pourquoi ton père fait passer des gens en Suisse ?

J'ai répondu :

– Je crois, oui. C'est pour que les nazis ne puissent pas les attraper. Mais, Maman, si les nazis les attrapent, est-ce qu'ils vont faire du mal à ces gens... et même à leurs enfants ?

Maman a soupiré d'un air gêné :

– Je ne sais pas bien. C'est très possible...

– Mais pourquoi ?

Maman a pris mes mains dans les siennes :

– Peut-être parce que les nazis ont besoin d'ennemis...

Grand-Mère s'est retournée en criant :

– Ce que font les nazis est ignoble ! Personne n'a le droit de faire souffrir des gens comme ça. Ce sont des papas, des mamans, des enfants, et même de tout petits bébés. Si les nazis savaient combien il faut d'amour pour élever un enfant !

Grand-Mère tremblait de tout son corps. L'œuf qu'elle tenait s'est échappé de ses doigts. Il a fait un rond gluant sur le plancher. Grand-Mère s'est penchée en essayant de le ramasser avec ses vieux doigts. Elle marmonnait :

– Du gâchis, tout ça, du beau gâchis !

5
Une fille dans la cave

Ce soir-là, j'essuyais la vaisselle avec Grand-Mère quand elle m'a dit :

– Robert, tu sais que ton père doit rester au lit au moins cinq jours ?

Bien sûr que je le savais ! Après la visite du docteur, Papa avait pesté.

Grand-Mère a soupiré :

– En plus, la nuit dernière, une enfant est arrivée. Elle doit absolument quitter la France. Elle est toujours à la cave.

J'ai regardé le plancher. Il y avait là, sous nos pieds, une fille effrayée qui comptait sur Papa pour l'emmener en Suisse !

J'ai demandé tout bas :

– Qui va la faire passer ?

– Toi, a dit Grand-Mère d'un ton décidé.

– Moi ?

– Oui, a répondu Grand-Mère. Il vaut mieux garder ces choses-là entre nous, en famille. De nous tous, tu es le seul qui connaisse la forêt et les montagnes aussi bien que ton père. Et puis tu es grand maintenant. Tu iras cette nuit avant que la lune ne se lève.

Ça m'a coupé le souffle. Moi qui croyais qu'on me prenait pour un gamin !

Je suis monté dans la chambre de mon père, le « Grand Chef ». Il m'attendait impatiemment. Il m'a tout expliqué : le chemin, les précautions à prendre, les bonnes cachettes. Ses yeux brillaient. Il adorait ça.

S'il avait pu marcher, il ne m'aurait jamais laissé y aller. S'il avait pu marcher, je n'aurais pas eu chaud et froid comme ça, tout le temps !

Je me suis préparé, tout en répétant les consignes : habits serrés pour ne pas s'accrocher aux ronces, ne pas parler, attendre que passe la patrouille de soldats, franchir la frontière au « Petit champ », après la mare. Ça devait prendre trois heures... Ne pas oublier mon canif... ni le poivre ! J'ai couru à la cuisine pour en mettre dans ma poche. Rester calme. Départ : onze heures et quart.

6
En chemin…

À onze heures, j'étais debout dans la cour. Une brise de nuit me caressait le visage. Il y avait un silence profond. J'avais l'estomac comme rempli de papillons. Mais mon cœur bondissait de joie !

J'allais suivre la piste de mon père, poser mes pieds dans les empreintes secrètes des passeurs, celles de mon père, de son père à lui, et de tous mes ancêtres, dont certains étaient vraiment contrebandiers.

Il y a eu un bruit derrière moi. Maman remontait de la cave avec la fille. Je la devinais dans le noir. Elle était à peine plus grande que moi, avec de longs cheveux. Nous nous sommes serré la main. Puis Maman m'a attiré contre elle en chuchotant :

– Fais attention, mon grand. Je t'attendrai.

Et, la fille et moi, nous sommes partis.

Au début, nous marchions en silence. J'ouvrais mes oreilles toutes grandes, guettant le moindre bruit.

Puis nous sommes passés sous les sapins. Ça grimpait dur. J'entendais la fille, qui s'essoufflait. Bientôt, elle a dit :

– Attends, je n'en peux plus.

Nous nous sommes assis quelques minutes sur un talus.

– Tu vas trop vite, a dit la fille.

– Il le faut bien.

Le vent soupirait dans le feuillage.

– Tu as quel âge ?

– Dix ans. Et toi ?

– Pareil.

Nous sommes repartis. J'ai ralenti un peu. À l'arrêt suivant, elle m'a soufflé :

– Tu es jeune.

J'ai redressé les épaules en chuchotant :

– Toi aussi, tu es jeune. Mais ne t'inquiète pas. La forêt n'a pas de secrets pour moi.

Je crânais, bien sûr. Si mon père m'avait entendu... Et, tout d'un coup, je me suis rappelé ce qui lui était arrivé la nuit dernière. Mon cœur s'est mis à battre plus fort. Papa s'était fait tirer dessus, par ici, quelque part. Un soldat pouvait se trouver là-haut, l'arme à l'épaule.

7
Attention, les voilà !

Mon cœur cognait maintenant dans mes oreilles. Il me semblait que chaque ombre cachait un ennemi en train de nous guetter. Un craquement de brindille, un caillou qui roulait sous le pied, et nous serions repérés. Il m'a fallu tout mon courage pour continuer.

Doucement et très, très lentement, nous sommes montés jusqu'au bord de la route.

À plat ventre sur le talus, les mains sur le gravier, nous avons scruté la courbe sombre de la route. À droite, rien. À gauche, rien non plus.

La fille m'a demandé tout bas :

– Qu'est-ce qu'on attend ?

J'écoutais, j'observais si fort que ma tête semblait immense comme le ciel étoilé.

Et, soudain, je les ai entendus : des soldats descendaient par la route, à gauche. Du coup, j'ai perdu un peu la tête. J'ai entraîné la fille par la main pour traverser la route à toute vitesse avant qu'ils n'arrivent.

À peine étions-nous debout qu'ils ont débouché du virage. Nous avons sauté en bas du talus, en nous aplatissant le plus possible sur le sol. Pas le temps de reculer davantage ! J'écoutais toujours. Parmi les bruits de pas, j'ai entendu un halètement. Les soldats avaient un chien !

J'ai murmuré à l'oreille de la fille :

– Bouche-toi le nez !

À cet instant, notre vie dépendait entièrement d'une astuce de mes ancêtres contrebandiers : le poivre. J'en ai pris une poignée et je l'ai lancée sur le talus, là où nous nous tenions quelques secondes avant.

Les bottes des soldats claquaient sur la route. Ils sont passés juste devant nous. Le chien flairait le sol. Son museau a repéré nos odeurs. Puis, FCHISSH ! le chien a éternué. Il a reculé, il a hésité. Puis il est reparti en secouant la tête.

C'est seulement quand les soldats ont disparu que j'ai commencé à trembler.

8
Myriam

Nous avons traversé la route. La frontière était toute proche, mais la sensation du danger me collait au ventre. Il nous restait à passer le chemin des douaniers, celui qui longeait la frontière. Il n'y aurait peut-être personne, mais il y aurait peut-être quelqu'un.

Nous avons contourné la mare, traversé des fourrés, longé un talus. Le corps léger, agile, je retenais mon souffle.

Et en arrivant au « Petit champ », à la frontière suisse, nous nous sommes figés de peur. Sur le chemin des douaniers, il y avait une sentinelle* accroupie, immobile.

L'éternité, c'est quand quelque chose ne s'arrête jamais. Pendant une éternité, nous sommes restés là, sans bouger. Dans ma tête, je passais et repassais toutes les possibilités. Je me disais que l'homme ne pouvait pas nous voir puisque nous étions dans l'ombre des arbres.

* Un soldat qui monte la garde.

Nous pouvions reculer et tenter notre chance plus loin. Mais nous étions si proches de lui : nous risquions de faire du bruit et qu'il nous entende. Que faire ? Ah ! si seulement l'homme se levait pour aller se dégourdir les jambes plus loin !

Doucement, la lune est apparue, traçant peu à peu le contour des objets de son silence argenté. Subitement, la fille s'est détendue. Elle a respiré bruyamment.

Puis elle a désigné du doigt la sentinelle :

– Regarde ! C'est une pierre !

Elle avait raison. La sentinelle accroupie n'était qu'une borne en pierre. Les bornes étaient placées à intervalles réguliers, tout le long de la frontière. Quel soulagement !

Alors, nous avons joyeusement traversé la frontière. Sans prendre aucune précaution ! J'ai annoncé :

– Voilà. Ici, c'est de la bonne herbe suisse. Tu vas descendre par ce sentier, tu arriveras à un village. Frappe à la porte de la troisième maison. On t'attend.

Elle s'est tournée vers moi :

– Comment tu t'appelles ?

– Robert. Et toi ?

– Myriam.

Elle a pris mes mains dans les siennes :

– Merci, Robert.

Et elle est partie. J'ai attendu qu'elle ait disparu, puis j'ai rebroussé chemin. Le retour a été rapide et sans histoires. Je me sentais un peu seul, c'est tout.

En bas, Maman m'attendait à la cuisine en tricotant une chaussette de laine. Elle a réveillé Grand-Mère, et nous sommes montés voir Papa.

C'est ainsi qu'à la lueur d'une bougie, chacun berçant un bol de tisane dans ses mains, nous avons ri de l'histoire de la sentinelle en pierre.

Mes parents étaient fiers de moi. Dans leurs yeux, je me voyais plus grand. Mais, surtout, c'était bon de rentrer chez moi, de retrouver ces visages qui m'étaient si chers, si précieux.

Je pensais à Myriam, seule, sans sa famille, et j'espérais que bientôt elle retrouverait ses parents.

Le drôle de magazine qui donne le goût de lire

- un roman inédit illustré
- des jeux pour s'amuser et être créatif
- la célèbre BD de Tom-Tom et Nana et bien d'autres surprises !

Le 1er magazine des 7-10 ans

Disponible tous les mois chez votre marchand de journaux ou par abonnement.

Princesse Zélina

Plonge-toi dans les aventures de Zélina,
la princesse espiègle du royaume de Noordévie.

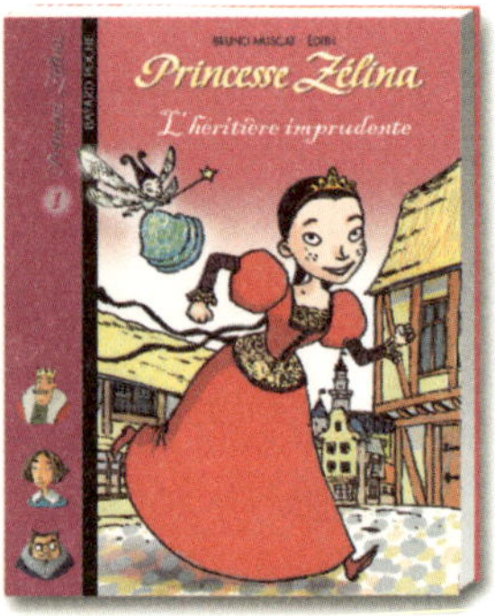

Découvre les plans diaboliques de sa belle-mère qui voudrait l'écarter du trône… et fais la connaissance du beau prince Malik, un précieux allié pour Zélina.

Retrouve Zélina dans *Astrapi*, le grand rendez-vous des 7-11 ans.

Tous les 15 jours chez ton marchand de journaux ou par abonnement.

Achevé d'imprimer en juillet 2004 par Oberthur Graphique
35000 RENNES – N° Impression : 5902
Imprimé en France